Knaur®

D1927341

Dieses Buch wurde auf chlor- und säurefreiem Papier gedruckt.

Originalausgabe Januar 1994

Umschlagillustration: Dietmar Grosse
Satz: IBV, Berlin
Reproduktion: Amper Repro, Germering
Druck und Bindung: Ebner Ulm
Printed in Germany 5 4 3 2 1
ISBN 3-426-73023-5

E. Gambsch (Hrsg.)

# Die 200 besten Dinosaurier-Witze

Mit Illustrationen von Dietmar Grosse

Knaur®

Von E. Gambsch sind außerdem erschienen:

Die 300 besten Party-Witze (Band 2648)
Die 300 besten Pfarrer-Witze (Band 2649)
Die 300 besten Tier-Witze (Band 2650)
Die 300 besten Erotik-Witze (Band 2651)
Die 300 besten Ärzte-Witze (Band 2768)
Die 300 besten Polizisten-Witze (Band 2769)
Die 300 besten Beamten-Witze (Band 2770)
Die 300 besten Psychiater-Witze (Band 2771)
Die 300 besten Ehe-Witze (Band 2772)
Die 300 besten Sex-Witze (Band 2773)
Die 300 besten Männer-Witze (Band 2779)
Die 300 besten Irren-Witze (Band 2780)
Die 300 besten Horror-Witze (Band 2781)
Die 300 besten Büro-Witze (Band 2782)
Die 300 besten Autofahrer-Witze (Band 2783)
Die 300 besten Juristen-Witze (Band 2784)
Die 300 besten Graf-Bobby-Witze (Band 2785)
Die 300 besten Bayern-Witze (Band 2795)
Die 300 besten Schüler-Witze (Band 2796)
Die 300 besten Sportler-Witze (Band 2798)
Die 300 besten Vertreter-Witze (Band 2799)

# Inhalt

# »Diese verdammten Biester sehen doch alle gleich aus!«

oder

# Ein Dinosaurier kommt selten allein

Treffen sich zwei alte Dinosaurier, und der eine von ihnen sagt: »Ich bin wirklich sehr zufrieden, daß ich mit meinem Nachwuchs soviel Glück habe. Einer meiner Söhne ist im Zoo eine Attraktion, der andere eine große Nummer im Zirkus.«
»Damit kannst du mir überhaupt nicht imponieren«, wehrt der andere Dinosaurier ab. »Mein Sohn hat nämlich bereits einen Vertrag mit Hollywood. Er spielt die Hauptrolle in Steven Spielbergs zweiten ›Jurassic-Park‹-Film.«

*Es fragte der Quizmaster:*

»Woran erkennt man, daß vier Dinosaurier zusammen ins Kino gegangen sind?
Daran, daß ein roter VW vor dem Kino auf dem Parkplatz steht.«

»Warum sind Dinosaurier groß und nicht rot?
Damit man sie nicht mit Johannisbeeren verwechselt.«

*

Frau Burgstaller hält es für angebracht, ihren siebenjährigen Sohn aufzuklären. Eine halbe Stunde lang erzählt sie ihm alles, was man über Zeugung und Geburt wissen muß. Schließlich erkundigt sie sich: »Hast du sonst noch eine Frage?«
»Ja, Mama, am meisten interessiert mich, wie es mit dem Nachwuchs bei den Dinosauriern ist.«
»Die werden genauso gezeugt wie die kleinen Kinder.«
»Einfach toll«, begeistert sich der kleine Burgstaller, »Papa kann aber auch wirklich alles.«

»Was kommt dabei heraus, wenn man einen Dinosaurier mit einem Papagei kreuzt?«
»Was denn?«
»Weiß ich auch nicht, aber das steht fest: Das Vieh kann sagen, was es will.«

*

Ein Aufschrei im Jurassic-Park: »Hilfe, ein Dinosaurier hat mir einen Arm abgebissen!«
»Um Gottes willen – welcher denn?«
»Woher soll ich das denn wissen? Diese verdammten Biester sehen doch alle gleich aus.«

*

Beim Tierarzt: »Herr Doktor, mein Dinosaurier rennt immer allen Autos hinterher.«
»Da müssen Sie sich keine Sorgen machen. Das ist keineswegs unnatürlich, denn das machen sehr viele Tiere.«
»Kann schon sein. Aber mein Dinosaurier frißt zuerst alle Insassen auf und dann vergräbt er den Wagen in unserem Garten.«

*

Zwei Dinosaurier treffen sich.
»Du siehst sehr krank aus«, sagte der eine. »Geh doch mal zu einem Arzt.«
»War ich schon«, sagte der zweite Dinosaurier. »Aber der Arzt hat bei mir nichts gefunden.«
»Dann geh doch mal zu einem Psychiater. Vielleicht kann der dir helfen.«
»Das geht nicht. Ich bin zu schwer und darf nicht auf die Couch.«

MIR IST MEIN DINOSAURIER ENTLAUFEN. – FÜNF ANZEIGEN HABE ICH SCHON AUFGEGEBEN. ER IST EINFACH VER-SCHWUNDEN.
KANN IHR DINO DENN LESEN?

In der Tierhandlung betrachtet sich Weppelmann den Dinosaurier von allen Seiten. Dann fragt er nachdenklich die Verkäuferin: »Finden Sie nicht, daß der Dino zu kurze Beine hat?«
Die Verkäuferin schüttelt den Kopf: »Ganz bestimmt nicht. Sie reichen doch bis auf den Boden.«

*

Im Jurassic-Park gehen zwei Dinosaurierbabies spazieren. Dem einen fallen plötzlich mehrere Kokosnüsse auf den Rücken. Daraufhin sagt es zu seinem Bruder: »Jetzt müssen wir uns aber beeilen, damit wir nach Hause kommen, denn es fängt zu regnen an.«

*Alle lesen den ›Jurassic-Park‹,*
*nur nicht der Jimmy,*
*der liest den Krimi.*

»Nein«, sagt der Dinosaurierwinzling zu seinem Freund, »wir dürfen nicht Fahrrad fahren. Denn wir haben ja keinen Daumen zum Klingeln.«

*

Ein Gast pokert mit einem Dinosaurier, und ein Kellner sieht fasziniert zu.
»Das ist einfach toll«, sagt der Kellner.
»Na ja«, sagt der Gast, »so toll ist es eigentlich auch wieder nicht. Der Dinosaurier kann sich nämlich nicht beherrschen. Wenn er ein gutes Blatt hat, blinzelt er.«

WER HAT MICH GETRETEN?
WAS HAST DU DENN DAVON, WENN DU WEISST WIE ICH HEISSE.

Im Zirkus steht ein Bernhardiner auf einem Dinosaurier und singt voller Inbrunst: »O sole mio!«
Ein begeisterter, aber skeptischer Zuschauer fragt den Direktor: »Da ist doch sicherlich irgendein Trick dabei?«
»Stimmt, aber sagen Sie es nicht weiter. Der Bernhardiner kann überhaupt nicht singen, der Dinosaurier ist Bauchredner.«

*

»Unverschämtheit!« empört sich Klabunke. »Wie können Sie es wagen, meinen Dinosaurier zu treten. Er hat Sie doch nur beschnüffelt.«
»Aber Sie glauben doch nicht, daß ich so lange warte, bis er ausprobiert, ob ich ihm auch munde?«

*

»Warum schauen Sie eigentlich immer nach oben?«
»Ach, wissen Sie, ich bin Wärter im Gehege für besonders langhalsige pflanzenfressende Dinosaurier.«

*

»Das ist doch Ihr dämlicher Dinosaurier«, sagt der Nachbar.
»Ja, warum?«
»Pfeifen Sie das Tier gefälligst zurück. Sie sehen doch, daß es meinen herrlichen Garten verwüstet.»
»Sie haben vielleicht Humor!« wundert sich Guggenbichler. »Erstens kann ich überhaupt nicht pfeifen. Zweitens ist der Dinosaurier uralt und hört nichts mehr, und drittens würde er auch nicht aufhören, selbst wenn er hören könnte.«

Ein Dinosaurier und ein Affe spielen Fußball, und dabei tritt der Dinosaurier dem Affen aus Versehen auf den Fuß. Der Affe schreit jämmerlich auf, und es dauert eine Weile, bis er sich erholt hat. Der Dinosaurier ist völlig geknickt und bittet den Affen vielmals um Entschuldigung. »Ach, das macht doch nichts«, wehrt der Affe ab, »das hätte mir ja auch passieren können.«

*

Der Reiseleiter beruhigt seine Badegäste: »Keine Angst! Wo Dinosaurier sind, sind Sie vor Haifischen sicher!«

*

Vater und Sohn schlendern durch den Tierpark. Vor dem Gehege der Dinosaurier macht der Kleine plötzlich ein sehr nachdenkliches Gesicht.
»Was ist los mit dir?« erkundigt sich sein Vater.
»Na ja«, sagt der Junior, »wenn so ein Dino jetzt ausreißt und dich auffrißt, weiß ich wirklich nicht, wie ich allein nach Hause kommen soll.«

*

»Wovon ernähren sich eigentlich Dinosaurier, Papa?«
»Die fressen alles, was sie gerade vor die Zähne kriegen und was sie so finden.«
»Und wenn sie nichts finden?«
»Dann fressen sie halt etwas anderes!«

*

Fragt ein Dinosaurier den anderen: »Bin ich eigentlich giftig?«
»Warum?«
»Ich habe mir gerade auf die Zunge gebissen.«

## »Zu wem hältst du eigentlich?«

## oder

## Der Umgang mit ganz großen Tieren

Fotosafari im Jurassic-Park; Weppelmann entfernt sich von der Gruppe und sieht sich plötzlich einem Dinosaurierpärchen gegenüber.
»Machen Sie sofort ein gutes Bild von mir«, faucht das Dinomännchen Weppelmann an. »Aber gnade Ihnen Gott, wenn es mir nicht gerecht wird. Dann fresse ich Sie sofort auf!«
Schlotternd vor Angst versucht Weppelmann, den Dinosaurier wenigstens in den Sucher zu bekommen. Als ihm nicht einmal das gelingt, ist er sicher, daß seine letzte Stunde geschlagen hat. Doch da nähert sich ihm das Dinosaurierweibchen und flüstert ihm aufmunternd zu: »Knipsen Sie einfach drauflos. Mein Mann ist so eitel, daß ihm jedes Bild von sich gefällt.«

*Es fragte der Quizmaster:*

»Warum gibt es langhalsige Dinosaurier?
Damit sie bei Hochwasser nicht ertrinken.«

Marschieren elf Dinosaurier die Straße entlang. Jeder hat ein rotes T-Shirt und eine weiße Hose an.
Wundert sich Piesbergen: »Wo wollen die denn hin?«
»Zum Stadion. Das ist die Mannschaft vom FC Dino, und die ist heute Favorit im Pokalendspiel.«

*

»Sagen Sie, mein Herr, ist dieser Dinosaurier das Tier, das Ihre Schwiegermutter gebissen hat?«
»Ja, und seitdem besucht sie uns nicht mehr.«
»Und was verlangen Sie für dieses wertvolle Tier?«

»Eines würde mich noch interessieren«, sagt Frau Rippeldon zu dem Tierwärter. »Ist das Prachtexemplar von einem Dinosaurier da hinten im Gehege ein männliches oder ein weibliches Tier?«
»Das, meine Dame, kann doch höchstens die anderen Dinosaurier interessieren.«

*

»Selbstverständlich weiß ich, warum Dinosaurier rote Augen haben. Damit sie sich besser in einem Kirschbaum verstecken könne.«
»Blödsinn, ich habe noch nie einen Dinosaurier in einem Kirschbaum gesehen.«
»Eben. So gut tarnen die sich eben.«

*

Ein Dinosaurier hat sich um seinen massigen Leib eine Federboa gebunden. Neugierig erkundigt sich ein Affe: »Warum haben Sie sich denn dieses Ding um den Bauch gewickelt?«
Kichert der Dinosaurier: »Nichts verraten. Ich will zum Karneval und gehe als Vogel Strauß.«

*

Der kleine Hans fragt in einer Dinosaurierausstellung den Wärter, indem er auf ein Skelett zeigt: »Was ist denn das für ein eigenartiges Tier?«
»Das sind die Reste von einem Talarurus, der vor über zweihundert Millionen Jahren gestorben ist«, erklärt der Wärter.
»Dann kommt also nur das Fleisch in den Himmel?«

HEI – DAS IST UNFAIR – ZWEI GEGEN EINEN!

Zwei Dinosaurier haben ein Zebra überfallen und streiten sich um die Beute.
»Weißt du was«, schlägt der eine Dino dem anderen vor, »ich nehme das Innere und dir gehört der Pyjama.«

*

Ein Dinosaurier und ein Affe gehen hintereinander über eine Holzbrücke.
Zuerst der Affe: tipp – tipp – tipp...
Danach der Dinosaurier: wumm – wumm – wumm...
Dreht sich der Affe zu dem Dino um und strahlt: »Wir beide machen schon einen tollen Lärm!«

*Alle Dinos lutschen Lollies,*
*nur nicht das Efraasia,*
*das trinkt Cola.*

Ein Dinosaurier und ein Affe stehen vor einer schwankenden Hängebrücke.
Der Dino fürchtet sich offensichtlich, die schlingernde Lianenkonstruktion zu betreten.
»Du brauchst keine Angst zu haben«, beruhigt der Affe den Dinosaurier. »Wir gehen einfach nacheinander, dann hält uns die Brücke schon aus.«

*

»Ich habe heute endlich für meine Frau einen netten Dinosaurier bekommen.«
»Gratuliere! Das war wirklich ein guter Tausch.«

»Was sind Sie von Beruf?« fragt der Beamte im Arbeitsamt.
»Dinosaurierjäger.«
»Wo?«
»In Herne.«
»Aber in Herne gibt es doch gar keine Dinosaurier.«
»Deshalb bin ich ja hier.«

*

Es ist weit nach Mitternacht, und sie haben schon viele Whiskeys getrunken, als Fred seinem Freund Joe die Hand auf die Schulter legt und ihn fragt: »Was würdest du machen, wenn du im Jurassic-Park wärst und dir plötzlich ein wutschnaubender Dinosaurier begegnen würde?«
»Ich würde mein Gewehr nehmen und ihn einfach abknallen«, sagt Joe.
»Nein, nein«, brummt Fred und schüttelt den Kopf. »Das wäre viel zu einfach. Du hast doch überhaupt kein Gewehr dabei.«
»Auch gut«, murmelt Joe. »Dann ziehe ich mein Messer und ersteche den Dino.«
»Geht auch nicht«, sagt Fred und nimmt noch einen großen Schluck. »Dein Messer hast du schließlich beim Betreten des Parks abgeben müssen.«
»Schon gut«, seufzt Joe, »dann wird mir gar nichts anderes übrigbleiben, als die Bestie mit meinen beiden Händen zu erwürgen...«
»Nichts da«, lallt Fred, »du vergißt, daß du deine linke Hand gebrochen hast und sie in einer Schlinge trägst...«
»Jetzt reicht es mir aber!« empört sich Joe. »Zu wem hältst du eigentlich – zu diesem blöden Dinosaurier oder zu mir?«

Guggenbichler hat sich in der Tierhandlung einen netten kleinen Saltopus gekauft. Bevor er mit ihm das Geschäft verläßt, erkundigt er sich noch: »Wie alt wird denn so ein Dinosaurier eigentlich?«
»Wenn er gut gepflegt wird, kann er über dreihundert Jahre alt werden.«
»Na gut«, sagt Guggenbichler, »ich werde es ja erleben.«

*Verärgert sagte der Dinosaurier:*

»Nie wieder werde ich einen Taucher fressen. Dieser Gummianzug bleibt einem ja monatelang zwischen den Zähnen hängen.«

Der kleine Fred ist mit seiner Mutter im Zirkus, als die Dinosaurier über ihren Dompteur herfallen und ihn Stück für Stück auffressen.
Klein-Fred fängt zu weinen an, und seine Mutter streicht ihm über den Kopf und sagt: »Tut er dir leid?«
»Ja«, schluchzt Fred und zeigt auf einen Dinosaurier, der sich ganz an den Käfigrand zurückgezogen hat. »Schau nur, Mutti, der da hat überhaupt nichts abbekommen.«

*

In eine Bar kommt ein Dinosaurier, setzt sich an einen Tisch und bestellt einen Whiskey. Er trinkt sein Glas in Ruhe aus und zahlt.
Sagt der Barkeeper: »So was, hier war noch nie ein Dinosaurier.«
Erwidert das Tier: »Bei den Preisen wird auch sicherlich nie wieder ein Dinosaurier herkommen.«

OB DER CETIOSAURUS SICH AUCH ERKÄLTET WENN ER NASSE FÜSSE BEKOMMT?
BESTIMMT, ABER WAHRSCHEINLICH HAT ER ERST EINE WOCHE SPÄTER HALSWEH.

Die ältere Dame steht im Zoo vor dem Dinosaurierkäfig und fragt den Wärter: »Wissen Sie, warum der Dino so einen ungeheuer großen Kopf hat?«
»Aber klar doch, meine Dame«, sagt der Wärter, »damit er nicht durch das Gitter abhauen kann.«

*Es fragte der Quizmaster:*

»Woran erkennen Sie, ob in Ihrem Bett ein Dinosaurier schläft?
Er hat auf seinem Schlafanzug ein großes D.«

Der kleine Wanderzirkus hat eine einzige Attraktion: einen schon sehr alten und immer sehr, sehr müden Dinosaurier. Die Vorstellung hat ihren Höhepunkt erreicht: den Auftritt des Dinosauriers. Da stürzt der Weißclown auf den Zirkusbesitzer zu: »Herr Direktor, der Dompteur hat...«
»Was ist denn los, Pipo, warum bist du denn so schrecklich aufgeregt?«
»Weil der Dompteur seine Pistole vergessen hat.«
»Mein Gott!« seufzt der Direktor und erbleicht, »wie will er denn dann, wenn er nicht schießen kann, den Dinosaurier aufwecken?«

*

Zwei Dinosaurier sitzen im Geäst einer steinalten Eiche, als sich ihnen ein fliegender Elefant nähert.
»Was will denn der Jumbo hier?« fragt der eine Dino erstaunt.
»Reg dich nicht auf«, beruhigt ihn der andere, »der wird auch sein Nest hier oben haben.«

Der Dompteur beruhigt den Kameramann, der Aufnahmen von Dinosauriern machen soll: »Nur ruhig Blut, mein Lieber, diese vier Dinos sind alle mit der Flasche aufgezogen worden.«
»Na und!« sagt der Kameramann. »Das wurde ich auch – und heute esse ich mit dem allergrößten Vergnügen Steaks.«

*Alle Dinos waren groß,*
*nur nicht das Dinobein,*
*das war klein.*

Ein Zoologiestudent im Examen. Der Professor steht vor einem verdeckten Skelett und hebt den Vorhang so weit hoch, daß nur die Beine des Dinosauriers zu erkennen sind.
»Wie lautet die korrekte Bezeichnung dieses Entenschnabel-Dinosauriers?» fragt der Herr Professor.
Der Kandidat denkt nach, runzelt seine Stirn und schüttelt dann den Kopf. »Tut mir leid«, stottert er, »das weiß ich nicht.«
»Ihren Namen, bitte?«
Da zieht der Student seine Hosenbeine hoch und sagt: »Raten Sie mal.«

# »Davon stand aber nichts in der Anzeige.«
# oder
# Dinosaurier haben es nicht leicht

Zwei Dinosaurierbesitzer treffen sich.
Sagt der eine: »Mein Dino liest mir jeden Tag die Zeitung vor.«
Sagt der andere: »Ich weiß. Meiner hat mir das schon vor Wochen erzählt.«

*

Zwei Dinosaurier treffen sich auf dem Arbeitsamt.
»Na nu, du hier?« sagt der eine. »Ich denke, du hast so eine fabelhafte Stellung als Sekretär. Und jetzt bist du auch arbeitslos?«
»Ja. Mein Anschlag war zu hart. Und als ich drei Computer kaputtgemacht hatte, haben sie mich entlassen.«

*

In einer sehr ländlichen Gegend wurde eine Bäuerin von einem Dinosaurier – aus Versehen und keineswegs beabsichtigt – aufgefressen.
Bei der Beerdigung der Bäuerin haben sich fast alle Bewohner des Dorfes auf dem Friedhof versammelt. Der Pfarrer beobachtet, wie viele Bauern den Witwer in ein Gespräch verwickeln und der immer wieder den Kopf schüttelt.
Nach der Beerdigung fragt der Pfarrer den Mann, warum er sich so ablehnend verhalten hat.
»Das kann ich Ihnen im Vertrauen sagen, Herr Pfarrer«, gesteht der Mann. »Alle wollten meinen Dinosaurier kaufen oder wenigstens für einige Tage ausgeliehen haben.«

*

»Herr Wirt, Ihr Dinosaurier starrt mich dauernd so drohend an.«
»Kein Wunder, Sie essen ja auch aus seinem Teller.«

Ein Dinosaurier im Jurassic-Park hat Husten. Der herbeigerufene Tierarzt untersucht ihn und empfiehlt dem Wärter: »Flößen Sie dem Tier alle drei Stunden eine halbe Flasche Whiskey ein. Das wird ihn sicherlich wieder auf die Beine bringen.«
Zwei Tage später ruft der Wärter den Tierarzt an: »Der Whiskey hat das Tier wieder in Ordnung gebracht, aber jetzt husten auch alle anderen Dinos.«

*

Ein Mann kommt abends nach Hause und hört eigenartige Geräusche aus seinem Badezimmer. Er öffnet die Badezimmertür und sieht mit Entsetzen, daß in der Wanne ein Dinosaurier liegt.
»Was machen Sie denn in meiner Wanne?« will er von dem Dino wissen.
»Das sehen Sie doch«, sagt der. »Ich bade.«
Der Mann lacht und sagt: »Aber das stimmt doch nicht. Sie haben ja gar kein Wasser in der Wanne.«
»Brauche ich auch nicht«, erklärt der Dinosaurier dem Mann, »denn mein Arzt hat mir Luftbäder verordnet.«

*

An der Haustür eines Dinosauriers klingelt es. Der Dinomann öffnet und sieht einen etwas angetrunkenen Affen auf der Fußmatte sitzen.
»Hallo!« sagt der Affe. »Kann ich einmal zu deiner Frau?«
»Tut mir leid«, sagt der Dinomann, »meine Frau ist im Augenblick leider nicht zu Hause.«
»Da kann man nichts machen«, brummelt der Affe, »wenn sie zurückkommt, sage ihr einen schönen Gruß von mir und ihr Lover wäre hier gewesen.«

LÄSST DEIN DINOSAURIER EIGENTLICH FREMDE AN SICH HERAN?
NA KLAR, WIE SOLLTE ER SIE DENN SONST BEISSEN!

Fips und Fops, die beiden Affen, haben einen Dinosaurier gefangen, den sie abwechselnd bewachen.
Als Fops nach vier Stunden Freizeit zur Wachablösung wieder an den Käfig kommt, ist der Dinosaurier verschwunden.
»Der Dino ist geflohen«, bedauert Fips.
»Lüge mich nicht an, du Freßsack«, fährt Fops seinen Zwillingsbruder an, »du kaust ja noch!«

*Sagte der Jurassic-Park-Wächter zum Arzt:*

»Herr Doktor, mich hat ein Dinosaurier getreten.«
»Das kann jeder behaupten. Aber hier stelle ich die Diagnosen.«

Es klingelt, und als die Wohnungsbesitzerin öffnet, steht vor der Tür ein Dinosaurier.
»Ich habe in der Zeitung gelesen, daß Sie ein möbliertes Zimmer zu vermieten haben.«
»Aber doch nicht an einen Dinosaurier«, entrüstet sich die Frau.
»Davon stand aber nichts in der Anzeige«, beschwert sich der Dinosaurier.

*

Zwei Dinosaurier schauen zu, wie ein langhalsiger pflanzenfressender Cetiosaurus durch die Landschaft trabt.
»Ich möchte nur wissen, warum der seinen Kopf so tief herunterbeugt?« überlegt sich der eine der zuschauenden Dinos.
»Aber das ist doch Fridolin«, klärt ihn der andere Dino auf, »und der ist immer noch nicht schwindelfrei.«

Ein Mann betritt mit einem Dinosaurier an der Leine ein Polizeirevier.
»Den habe ich eben an der nächsten Ecke herrenlos herumlaufen sehen. Was soll ich jetzt mit dem Dino machen?«
Rät ein Polizist: »Am besten gehen Sie mit dem Tier in den Zoo.«
Am nächsten Tag begegnet der Polizist erneut dem Mann mit dem Dinosaurier. Vorwurfsvoll sagt er: »Ich habe Ihnen doch gesagt, Sie sollen mit dem Tier in den Zoo gehen.«
»Da waren wir gestern ja auch, und jetzt gehen wir ins Theater.«

*

Ein Dinosauriermännchen will ein Dinosaurierweibchen verführen. Er umgarnt die Schöne, doch die ziert sich und erklärt ihm auch, warum: »Das bringt alles nichts. Wir werden auf jeden Fall aussterben.«

*

»Warum ist der Dinosaurier groß, grau und stachelig?«
»Wäre er klein, weiß und glatt, könnte man ihn zu leicht mit einer Kopfschmerztablette verwechseln.«

*

In der Straßenbahn kaut ein Dinosaurier laut schmatzend auf seinem Kaugummi herum. Das alte Mütterchen neben ihm schaut ihm einige Minuten lang hingebungsvoll zu, dann sagt es entschuldigend: »Das ist zwar sehr liebenswürdig, daß Sie mir soviel erzählen, aber ich bin schon lange taub und verstehe kein Wort von dem, was Sie mir sagen.«

Ein Mann kommt in ein Feinschmeckerlokal. Als er die Speisekarte verlangt, sagt der Ober: »Wir haben keine, mein Herr, denn bei uns gibt es einfach alles.«
Um ihn hereinzulegen, bestellt der Gast Dinosaurierzunge in Weißwein.
»Möchten Sie die Zunge von einem chinesischen oder von einem amerikanischen Dinosaurier?« erkundigt sich der Ober.
»Worin besteht der Unterschied?«
»Die chinesische schmeckt nach einem Hauch von Curry.«
Nachdem der Gast die Dinosaurierzunge, die hervorragend schmeckte, gegessen hat, fragt er den Kellner, ob er schon einmal einen Wunsch nicht habe erfüllen können.
»Einmal wollte ein Gast getoastete Ameisenbrüstchen – und ausgerechnet an diesem Tag hat unser Toaster nicht funktioniert.«

*Es sagte der Nachbar:*

»Mein Dino ist unheimlich intelligent. Wenn er ins Haus will, klingelt er einfach.«
»Das hat mein Dino nicht nötig. Der hat seinen eigenen Hausschlüssel.«

Große Besichtigungstour im Jurassic-Park. Alle Teilnehmer halten ihre Fotoapparate und Camcorder in die Landschaft und auf die Tiere. Nur ein Mann sitzt unbeweglich an seinem Fensterplatz.
»Und Sie fotografieren nicht?« erkundigt sich der Reiseleiter.
»Nein«, sagt der Herr, »ich schaue mir diese herrlichen Dinosaurier gleich hier an.«

DIESE BESONDERE DINOSAURIERART HAT NUR DESHALB EINEN SO LANGEN HALS, WEIL IHR KOPF SO WEIT OBEN SITZT.

Eine Ameise und ein Ornithosuchus begegnen sich.
»Du bist aber unheimlich groß«, stellt die Ameise fest.
»Und du bist besonders klein«, sagt der Dinosaurier.
»Ja, ja, aber ich war auch sehr lange krank gewesen.«

*

Ein Affe im Kino. Kaum hat der Film begonnen, kommt ein Dinosaurier und setzt sich genau vor ihn. Der Affe wartet einige Minuten, dann steht er auf, setzt sich vor den Dino und sagt: »Jetzt sehen Sie einmal, daß man nichts sieht, wenn jemand genau vor einem sitzt.«

*Alle Mädchen lieben Dinos,*
*aber nicht die Friederike,*
*die liebt nur den Icke.*

»Tiere darf man nie küssen«, ermahnt der Lehrer seine Schüler. »Weiß jemand von euch, warum?«
»Weil dadurch Krankheiten übertragen werden können«, weiß der kleine Axel.
»Genau so ist es«, stimmt ihm der Herr Lehrer zu. »Aber woher weißt du das?«
»Von meiner Tante Susi. Die hat zweimal ihren Dinosaurier geküßt, und schon ist er eingegangen.«

*

»Dinosaurier entlaufen«, notierte sich der Polizist für das Protokoll. Und dann erkundigte er sich noch nach den besonderen Kennzeichen.

»Haben Sie gut geschlafen?« erkundigt sich der Portier des kleinen Ferienhotels.
»Nicht besonders. Ich hätte doch besser ein Zimmer mit einem Doppelbett nehmen sollen«, sagt der Dinosaurier.

## »Keiner ist für Dinos schon sehr viel.«

## oder

## Vorsicht ist die Mutter der Porzellankiste

»Als ich im Jurassic-Park war«, erzählt Steinfelder, »ging ich spät abends noch einmal allein spazieren, um in Ruhe eine Zigarette zu rauchen. Plötzlich kommt ein fauchender Dinosaurier auf mich zu und fletscht die Zähne. Ich fange an zu laufen – der Dinosaurier hinter mir her. Ich laufe immer schneller, ich renne um mein Leben. Es nützt nichts, der Dinosaurier kommt immer näher. Ich spüre schon seinen heißen Atem, denke, daß er mich jetzt gleich erwischt hat, da rutscht der Dinosaurier aus, stürzt einen steilen Hang hinab und bricht sich das Genick.«
»Wie ruhig du das erzählst«, wundert sich einer von Steinfelders Zuhörern. »Ich bin sicher, ich hätte an deiner Stelle in die Hose gemacht.«
»Auf was«, fragt Steinfelder würdevoll, »auf was, glaubst du, ist der Dinosaurier ausgerutscht?«

*Alle Dinos sind schon tot,*
*bis auf das Dinosept,*
*das lebt.*

»Wenn ich groß bin, gehe ich auf Saurierjagd«, prahlt Fritzchen gegenüber seiner kleinen Freundin Susanne.
»Und wie willst du das machen?«
»Das ist doch ganz einfach. Ich nehme mir eine Telefonzelle und ein Fahrrad und gehe damit in den Jurassic-Park. Dort stelle ich die Telefonzelle auf, lasse die Tür offen, setze mich auf mein Fahrrad, fahre immer um die Telefonzelle herum und klingle dabei. Irgendwann kommt ein Dinosaurier vorbei, hört das Klingeln und denkt, das Telefon läute für ihn. Wenn er in die Zelle geht, springe ich vom Fahrrad, renne schnell hin und sperre die Tür zu. Und schon habe ich meinen Dinosaurier.«

Ein Dinosaurierdompteur hatte überraschend gekündigt. Der Zirkusdirektor mußte sofort einen Nachfolger finden und gab eine Anzeige auf. Am nächsten Tag meldeten sich zwei Anwärter. Der eine war ein nicht gerade besonders intelligent aussehender junger Mann, der andere eine atemberaubende Blondine. Beide sahen nicht unbedingt wie erfahrene Dompteure aus, aber dem Direktor blieb gar nichts anderes übrig, als beide auszuprobieren.
»Also, los!« sagte er. »Hier sind Peitsche, Stuhl, ein Revolver, und nun zeigen Sie mal, was Sie können. Aber ich warne Sie, der Dino versteht keinen Spaß. Seien Sie also ganz besonders vorsichtig!«
Die Blondine ließ den Revolver, die Peitsche und den Stuhl unbeachtet und ging mit leeren Händen furchtlos in den Käfig.
Fauchend erhob sich der Dinosaurier und schlich mit furchteinflößendem Gebrüll auf die junge Frau zu. Sie blickte ihm unerschrocken in die Augen, und als der Dinosaurier sie fast erreicht hatte, ließ die Blondine ihren Mantel fallen und trat völlig nackt in all ihrer blendenden Schönheit vor den Dinosaurier, der sofort anfing zu schnurren, ganz langsam auf sie zukroch, ihre Zehen stubste und genüßlich ihren Arm leckte.
Der Zirkusdirektor, der dieses unglaubliche Schauspiel mit großem Erstaunen beobachtet hatte, wandte sich an den jungen Mann: »Donnerwetter, Sie müssen zugeben, daß Sie diese Vorstellung bestimmt nicht überbieten können.«
»Doch«, sagte der junge Mann, »aus dieser Nummer kann man wirklich etwas machen – Sie müssen nur vorher diesen blöden Dinosaurier aus dem Käfig entfernen lassen.«

*

»Ich habe keine Lust heute«, sagt der Affe zum Dinosaurier und stellt die Leiter beiseite.

OH GOTT, IST MIR
SCHLECHT DER
FAHRSTUHLFÜRER
KOMMT MIR
IMMER WIEDER
HOCH.

»Es geht nichts über Hypnose!« stellt Spindler fest. »Bei unserem Besuch im Jurassic-Park habe ich damit meiner Frau das Leben gerettet.«
»Durch Hypnose?« wundert sich ein Zuhörer. »Das ist doch kaum zu glauben.«
»Doch«, sagt Spindler. »Meine Frau und ich hatten uns verirrt, und plötzlich stand ein fauchender, riesiger Dinosaurier vor uns. Wir hatten keine Waffen dabei und waren ihm hilflos ausgeliefert. Da erinnerte ich mich daran, was ich einmal in einem Hypnosekurs gelernt hatte. Ich starrte deshalb den Dinosaurier durchdringend an und befahl ihm über meine Gedanken immer wieder: Laß meine Frau in Ruhe! Du darfst meine geliebte Frau nicht fressen!«
»Und das hat geholfen?« fragt der Gast erstaunt.
»Ja. Es hat mindestens eine Viertelstunde gedauert, bis sich der Dinosaurier schließlich umdrehte und verschwand, ohne uns etwas angetan zu haben.«
Als der Mann seinen Bericht beendet hatte, kommt zufällig seine Frau in den Raum. Der Zuhörer betrachtet nachdenklich die Frau und fragt dann: »Und warum sollte der Dinosaurier sie eigentlich nicht fressen?«

*Alle Dinos fressen alles,*
*aber nicht der Franz,*
*der frißt nur des Tigers Schwanz.*

Ehekrach bei Dremmelhofers. Sie schreit: »Ich springe vom Balkon. Und unseren Dinosaurier nehme ich mit mir.«
»Nur zu!« sagt Herr Dremmelhofer. »Aber der Dino bleibt hier.«

WANN KAMEN SIE EIGENTLICH AUF DIE JDEE, EIN DINO-SAURIER ZU SEIN?
DAS WAR VOR FAST VIER-HUNDERT JAHREN, DA WAR ICH NOCH GANZ JUNG.

»Wohin kann sich ein vier Tonnen schwerer Dinosaurier setzen?
Wohin er will!«

*Fragte der Zoologe:*

»Warum darf am Sonntag kein Mensch und kein Tier durch den Urwald marschieren? Weil an diesem Tag die Dinosaurier Fallschirmabsprung üben. Und warum sind die Krokodile so flach? Weil sie es gewagt haben, am Sonntag durch den Urwald zu gehen.«

Die Ameisen ärgern sich über einen Dinosaurier, der immer über ihren Bau trampelt. Sie überfallen ihn und krabbeln an ihm hoch. Doch der Dinosaurier schüttelt alle ab. Nur eine Ameise kann sich in einer Halsfalte festklammern. Schreien alle anderen: »Würg ihn, würg ihn!«

*Fragte der Quizmaster:*

»Wie geht ein Dinosaurier ins Bett?
Erst legt er seinen dicken Kopf hinein, dann schaut er nach, ob auch noch für den Rest Platz ist.«

Zwei Affen rennen vor einem Dinosaurier davon. Einer dreht sich um und sagt stolz: »Sieh mal, wieviel Staub wir aufwirbeln.«

Eine Maus und ein Dinosaurier vertreten sich im Garten die Füße. Plötzlich stößt die Maus den Dino an und warnt ihn: »Vorsicht, Mausefalle – Lebensgefahr!«

*

Weppelmann war auf Dinosaurierjagd. Nach seiner Rückkehr erkundigen sich seine Freunde: »Wieviel Dinosaurier hast du denn erlegt?«
Weppelmann zögert, schließlich gibt er zu: »Dinosaurier eigentlich keinen.«
Die Freunde schauen ihn skeptisch an und sind offensichtlich sehr enttäuscht. Doch Weppelmann verteidigt sich: »Ihr habt ja keine Ahnung. Keiner ist für Dinos schon sehr viel.«

*Es fragte der Witzbold:*

»Wie kann man vier Dinosaurier in einem roten VW unterbringen?
Ganz normal – zwei auf den Vordersitzen und zwei auf der Rückbank.«

Der Zoowärter beugt sich über die Grube, in der der Dinosaurier haust.
»Was ist hier los?« will ein Besucher wissen.
»Das können Sie von hier nicht sehen«, sagt der Wärter.
»Sie müssen sich hinüberbeugen ... weiter, noch weiter, ja, so ist es ...«
Und zu dem Dino sagt er: »Das war aber der letzte für heute.«

Der Affenpapa zu seiner Tochter: »Das hat nichts mit Rassismus zu tun – aber dieser Dinosaurier ist wirklich kein Umgang für dich.«

*

Arienabend in der Kleinstadt. Vor der Tür des Konzertsaals befindet sich der Hinweis:

*Das Mitbringen von Dinosauriern*
*ist nicht erlaubt!*

Nach der Vorstellung befindet sich folgender Zusatz darunter:

*Der Tierschutzverein!*

# »Von Jahr zu Jahr sieht man immer weniger Dinosaurier.«

# oder

# Lang, lang ist es her

Ein Dinosauriermann umflirtet aufdringlich ein Dinosaurierweibchen.
»Laß mich in Ruhe«, sagt sie, »und außerdem wirst du krank, wenn du nicht machst, daß du verschwindest. Ich bin doch radioaktiv!«
Seufzt der Dinomann: »Seit dieser große Meteor in der Nähe eingeschlagen ist und alles verseucht hat, haben die Weiber doch die allerschönsten Ausreden.«

*Es hieß in der Anzeige:*

*Roter Dinosaurier entflogen! Besondere Kennzeichen: Dreizehn Meter lang, gebrochener linker Hinterfuß – und er versteckt sich gern hinter grünen Aschentonnen. Wer hat meinen Dino gesehen?*

Erstaunt sieht der Besucher im Zoo einen Dinosaurier zusammen mit einem Esel in einem Gehege.
»Das ist ja großartig«, wendet er sich an einen Wärter. »Und dem Esel passiert nichts?«
»Doch«, sagt der Wärter, »aber wir stellen halt jeden Tag zweimal einen neuen in das Gehege.«

*

Sagt der erste Farmer: »Hast du von diesem neuen Sexreport gehört, in dem so seltsame Dinge über uns stehen?«
»Was steht denn darin?« fragt der zweite Farmer.
Erster Farmer: »Da steht, daß wir Farmer es mit Schafen, Dinosauriern, Kühen und mit fremden Frauen treiben.«
Zweiter Farmer: »Ich kenne keine fremden Frauen.«

Im Jurassic-Park zieht ein Mann eine große Leine hinter sich her. Er trifft einen Wärter und fragt ihn:
»Haben Sie zufällig meine unsichtbare Frau gesehen?«
Wenn jemand spinnt, denkt der Wärter soll man ihm nicht widersprechen und sagt: »Nein, ich habe Ihre Frau nicht gesehn.«
»Schade«, sagt der Mann, »aber wenn Sie sie zufällig sehen sollten, dann sagen Sie ihr doch bitte, daß ich unseren Dinosaurier gefunden habe.«

*

Im Jurassic-Park hat sich ein Missionar verirrt. Plötzlich stellt er fest, daß er von mehreren Dinosauriern verfolgt wird. Als er merkt, daß er keine Chance zum Entkommen mehr hat, fällt er auf die Knie, schließt die Augen und betet laut: »Herr im Himmel, verschone mich und verleihe den Dinosauriern in Deiner großen Gnade ein christliches Benehmen.«
Als längere Zeit nichts geschieht und er immer noch lebt, wagt er, die Augen zu öffnen. Da sitzen die Dinosaurier im Kreis um ihn herum, haben ihre vorderen Stummelpfoten übereinandergeschlagen und beten laut: »Komm, Herr Jesu, sei unser Gast und segne, was Du uns bescheret hast...«

*

Zwei Männer stehen vor dem Dinosauriergehege. Einer von ihnen nimmt den Hut ab, faltet die Hände und fängt andächtig an zu beten.
»Entschuldigen Sie bitte«, sagt der andere Mann, »ich weiß, daß es mich nichts angeht, aber trotzdem können Sie mir vielleicht verraten, warum Sie vor dem Gehege der Dinosaurier beten?«
»Weil es das Grab meiner lieben Schwiegermutter ist.«

IST IHR DINOSAURIER BISSIG?
SELBSTVERSTÄNDLICH! ABER KOMMENSIE RUHIG HEREIN. ER IST SEHR WÄHLERISCH.

Ein Dinosaurier kommt zum Rechtsanwalt und sagt: »Ich halte es nicht mehr aus, ich will mich scheiden lassen.«
Stottert der Anwalt: »Ich weiß nicht recht... Bei Dinosauriern ist das so eine Sache... Ich muß erst einmal schauen, was es da für Paragraphen gibt... Und können Sie sich eine Scheidung überhaupt leisten?«
Lacht der Dino: »Wegen Ihres Honorars müssen Sie sich keine Sorgen machen. Ich habe letzte Woche im Lotto über drei Millionen Mark gewonnen.«

*

Ängstlich schaut sich der Patient um.
»Was ist los mit Ihnen?« erkundigt sich der Psychiater.
»Nichts«, sagt der Patient und zischt danach wieder ganz laut vor sich hin.
»Und warum zischen Sie nach jedem Satz?« will der Seelenklempner wissen.
»Ist doch klar«, meint der Patient. »Das vertreibt alle Dinosaurier.«
»Hier gibt es keine Dinosaurier.«
»Natürlich nicht. Mein Zischen hat sie alle vertrieben.«

*

Fragt der Besucher den Museumswärter: »Wissen Sie, vor wieviel Jahren der Dinosaurier gelebt hat, dessen Skelett Sie hier bewachen?«
»Das kann ich Ihnen ganz genau sagen, werter Herr. Der Dino lebte vor zweihundertmillionenundsiebzehn Jahren.«
»So präzise wissen Sie das. Wieso eigentlich?«
»Weil ich meine Stellung vor siebzehn Jahren angetreten habe und das Skelett zu diesem Zeitpunkt akkurat zweihundertmillionen Jahre alt war.«

DER KÜCHENTIP:
WOLLEN SIE WISSEN
OB EIN DINOSAURIER
IM KÜHLSCHRANK
WAR? – DANN
SEHEN SIE ES AN
DEN FUSS-
STAPFEN IN DER
BUTTER.

Ein Affe und ein Dinosaurier wollen Schlittschuh laufen. Als sie an einen zugefrorenen Teich kommen, ist der Dinosaurier nicht sicher, ob ihn das Eis auch tragen wird. Sagt der Affe: »Das werden wir gleich wissen. Ich werde einfach mal allein hinausfahren und ausprobieren, ob das Eis hält.«

*

Eine Maus läuft im Schatten eines Dinosauriers durch die Wüste und sagt: »Wenn es dir zu heiß wird, kann ich ja auch einmal vor dir hergehen.«

*Es fragte der Schlaumeier:*

»Wissen Sie, woran man sieht, ob sich ein Dinosaurier im Kühlschrank befindet?
Die Tür schließt nicht mehr ganz.«

Ein Dinosaurier und ein Affe gehen baden. Der Dino ist schon im Wasser, der Affe steht noch am Ufer.
»Komm doch endlich herein!« fordert der Dino den Affen auf.
»Geht nicht. Wir haben die Badeanzüge vertauscht.«

*

»Sie sehen prächtig aus«, sagt die eine Dinodame zu der anderen.
»Wirklich?«
»Sicher. Die dreihundert Jahre, die Sie auf dem Buckel haben, sieht man Ihnen kaum an.«

»Von Jahr zu Jahr sieht man weniger Dinosaurier.«
»Kein Wunder. Die sind ja auch schon vor so langer Zeit ausgestorben.«

*

Am Waldsee wirft ein Mann einen Stock ins Wasser. Sein Dinosaurier läuft hinterher und bringt den Stock zurück ans Ufer.
Staunt ein Zuschauer: »Na so was! Der Dinosaurier läuft ja auf dem Wasser?«
»Was soll er sonst machen?« sagt der Besitzer. »Er kann ja nicht schwimmen.«

*

»Ich bin Ihrem Dinosaurier wohl sehr sympathisch«, sagt der Kurgast zu seinem Vermieter. »Er will nämlich immer mit in mein Zimmer.«
»Kein Wunder. Im Winter wohnt er da ja auch.«

*

Beim Zirkusdirektor bewirbt sich ein Mann um die Stelle des Dompteurs für die Dinosauriergruppe.
»Schon vergeben«, sagt der Direktor, »aber fragen Sie morgen noch einmal nach.«

*

Eine junge Frau erkundigt sich auf dem Polizeirevier, ob man jemanden wegen Beleidigung belangen könnte, weil er einen Dinosaurier genannt hätte.
»Aber sicher. Wann war das denn?«
»Vor zwei Jahren, aber erst heute habe ich im Film einen von diesen fürchterlich aussehenden Dinosauriern gesehen.«

Frau Zaumseiler besucht mit ihrem Jüngsten den Zoo. Vor einer großen Freiluftanlage sagt sie: »Sieh mal, Alex, ein Walfisch.«
Ein Wärter klärt sie auf: »Irrtum, gnädige Frau, das ist kein Walfisch, sondern ein Dinosaurier.«
»Es ist ein Walfisch!« beharrt Frau Zaumseiler eigensinnig auf ihrer Ansicht.
In diesem Augenblick kommt das Tier an Land, und der Wärter triumphiert: »Na also, da sehen Sie es, daß es sich um einen Dinosaurier handelt. Ein Walfisch kann bekanntlich nicht auf das trockene Land gehen.«
»Unsinn!« sagt Frau Zaumseiler vorwurfsvoll. »Sie sehen doch, daß er es kann – und außerdem sind Dinosaurier längst ausgestorben.«

# »Viel lieber fährt er mit dem Taxi.«
# oder
# Faulheit stärkt die Glieder

Fragt ein Dinosaurier einen Polizisten: »Können Sie mir freundlicherweise sagen, wie ich am schnellsten ins Museum komme?«
Der Polizist schaut den Baryonyx prüfend an und meint dann: »Lassen Sie sich doch einfach ausstopfen.«

*

Weppelmann liebt Dinosaurier über alles. Nach langem Suchen findet er endlich eine Tierhandlung, die ihm einen wirklich schönen kleinen Saltopus verkauft. Freudestrahlend verläßt er das Geschäft, doch nach kurzer Zeit steht er schon wieder unter der Tür.
»Ich habe ganz vergessen, Sie zu fragen, ob der Dinosaurier eigentlich auch kleine Kinder mag«, erkundigt sich Weppelmann.
»Die frißt er besonders gern«, sagt der Verkäufer, »aber Sie haben sicherlich viel weniger Probleme, wenn Sie sich Fleisch aus der Pferdemetzgerei besorgen.«

*

»Ich möchte so gern etwas Großes und Reines tun«, seufzt Burgstaller.
»Da weiß ich ganz genau, was du machen kannst«, sagt sein Freund. »Du gehst in den Jurassic-Park und wäschst einen von den ganz großen Dinosauriern.«

*

»Können Sie bitte einmal den Dinosaurier streicheln?« fragt die kleine Johanna einen Mann.
»Aber gern, mein Kind«, sagt der Angesprochene. »Hast du etwa Angst vor deinem Tier?«
»Nein«, sagt Johanna. »Ich möchte nur wissen, ob es beißt, denn es gehört gar nicht mir.«

»Herr Doktor, helfen Sie mir. Meine Frau dreht völlig durch.«
»Und wieso?«
»Sie hält dreißig Hunde in unserer Wohnung, und da sie nie ein Fenster öffnet, ist der Gestank unerträglich.«
»Dann lüften Sie doch einfach einmal.«
»Bin ich denn verrückt? Dann würden doch meine siebzehn Dinosaurier sofort abhauen.«

*Es sagte der Dinosaurierfreund:*

»Mein Alioramus ist unberechenbar. Er würde sich sogar auf meine besten Freunde stürzen.«
»Na ja, da wird er nicht viele zu beißen haben.«

Im Dinosauriergehege gibt es plötzlich einen lauten Knall. Schimpft der Wärter: »Jetzt reicht es mir aber. Wie oft habe ich schon gesagt, daß du deine Kaugummiblasen nicht platzen lassen sollst!«

*

Treffen sich zwei Dinosaurier in der Küche.
»Wie geht es Ihnen?« fragt der eine.
»Ach«, klagt der andere, »seitdem ich hinter dem Kühlschrank wohne, werde ich meine Erkältung nicht mehr los.«

*

»Ich bin für Gleichberechtigung«, sagt der Affe zu Noah und belegt auf der Arche die Kabine neben den Dinosauriern.

DER DINO, DEN
SIE MIR GESTERN VERKAUFT
HABEN, IST EINGEGANGEN.

DAS VERSTEH' ICH
NICHT. BEI MIR HAT ER
DAS NIE GEMACHT.

»Sie haben mir doch ausdrücklich versichert, daß der Dinosaurier sehr wachsam ist. Heute nacht waren jedoch bei mir Einbrecher, haben mir dreihundert Mark gestohlen – und der Dinosaurier hat sich überhaupt nicht gerührt.«
»Ja, guter Mann, das ist schnell erklärt. Der Dinosaurier hat früher Millionäre bewacht. Um solche Kleinigkeiten kümmert er sich überhaupt nicht.«

*

Eine dicke Schmeißfliege nervt im Jurassic-Park einen jungen Dinosaurier. Immer wieder setzt sie sich auf und neben sein Auge.
Der Dino ist wütend, aber es gelingt ihm nicht, die lästige Fliege zu vertreiben.
»Warte nur«, faucht der kleine Dinosaurier die Fliege an, »heute abend wird mir meine Mutter verraten, wie ich dich morgen erwischen kann.«
»Da wirst du keine Chance haben«, lacht der winzige Quälgeist den Dino aus. »Ich bin nämlich eine Eintagsfliege!«

*

Ein Sportwagenfahrer meldet sich mit seinem Autotelefon bei der Polizei.
»Sie werden es nicht glauben«, berichtet er, »aber vor meinem Wagen rennt ein Dinosaurier herum.«
»Ein Dinosaurier?« fragt der Beamte verwundert. »Was macht der denn?«
»Das ist es ja«, empört sich der Mann mit dem schnellen Wagen. »Der schafft höchstens hundertzwanzig Kilometer in der Stunde – und das auf der Überholspur, von der er einfach nicht heruntergeht!«

IMMER SEX, SEX, SEX ... ALLE DREIHUNDERT JAHRE FÄLLT DIR NICHTS BESSERES EIN!

Klosterbergers haben Besuch. Plötzlich erscheint ihr Dinosaurier und fragt, ob er die Zeitung haben könne. Der Hausherr gibt sie ihm, und der Dinosaurier verschwindet wieder.
Die Gäste sind zunächst völlig verblüfft, doch dann fragt eine Frau: »Wie ist so etwas möglich – kann Ihr Dinosaurier wirklich Zeitung lesen?«
»Nicht ein einziges Wort«, sagt Klosterberger. »Der tut nur so, aber in Wahrheit schaut er sich lediglich die Bilder mit großem Vergnügen an.«

*Es fragte der Quizmaster:*

»Was macht ein Dinosaurier, der auf einem Baum sitzt und nicht mehr herunterkommt?
Er setzt sich auf ein Blatt und wartet, bis ihn die Herbststürme herunterwehen.«

Heini geht mit seiner Mutter durch den Zoo. Eine Nachtigall zwitschert fröhlich vor sich hin.
Fragt die Mutter ihren Sprößling: »Na, möchtest du nicht auch so singen können wie eine Nachtigall?«
»Nein«, sagt der Junge, »lieber fauchen wie ein Dinosaurier.«

*

In der U-Bahn sitzt ein Dinosaurier.
»Das gibt es doch gar nicht«, wundert sich ein Fahrgast.
»Sie müssen schon entschuldigen«, sagt das Dino, »aber ich habe in der Stadt einen unaufschiebbaren Termin und mein Auto ist heute in Reparatur.«

Ein Dinosaurier und ein Affe spielen Tauziehen. Plötzlich sticht eine Wespe den Dino, und der läßt in seiner Verwunderung das Tau los. Da hebt der Affe stolz seinen Kopf hoch und ruft: »Ja, mein Freund, da staunst du aber!«

*Alle Dinos flogen nicht,*
*bis auf den Dinohecht –*
*und der war nicht echt.*

»Warum haben Sie sich denn ausgerechnet auf Dinosaurier spezialisiert?«
»Als ich in den Jurassic-Park kam, wollte ich eigentlich Schmetterlinge fangen, aber dann habe ich meine Brille verloren...«

*

Ein Interessent besucht einen Maler in seinem Atelier und schaut sich aufmerksam die Bilder an. Eines scheint ihm besonders zu gefallen.
»Was stellt das eigentlich dar?« will er von dem Künstler wissen.
»Pflanzenfressende Dinosaurier auf der Weide.«
»Aber ich sehe keine Pflanzen, ja nicht einmal Gras.«
»Das alles haben die Dinosaurier gefressen.«
»Verzeihung, aber ich sehe auf Ihrem Bild auch keine Dinosaurier.«
»Aber, mein Herr, können Sie mir vielleicht erklären, warum sich pflanzenfressende Dinosaurier ausgerechnet dort aufhalten sollen, wo es weder Pflanzen noch Gras gibt?«

Als in einem Münchner Museum eine Dinosaurierausstellung stattfand, sagte der Führer zu einer Gruppe von Besuchern:
»Stellen Sie sich vor, meine Herrschaften, dieses Skelett von einem Allosaurus ist so alt, daß es bestimmt der alte Noah noch gesehen hat.«
Empörte sich ein Zuschauer: »Blödsinn, ich habe noch nie gehört, daß Noah jemals in München gewesen ist.«

*

Sitzt ein Dinosaurier in der Milchbar und schlürft einen Shake. Da kommt eine Kuh herein.
»Eine Unverschämtheit«, beschwert sich der Dino, »jetzt kommen die Lieferanten schon durch den Haupteingang.«

*

»Ist der Dinosaurier auch gesund?« fragt der Kunde den Tierhändler.
»Selbstverständlich. Ihm fehlt überhaupt nichts.«
»Und wie steht es mit seinem fliegerischen Können?«
»Fliegen kann ein Dimorphodon ganz ausgezeichnet. Aber im Vertrauen: viel lieber fährt er mit dem Taxi.«

# »Der Dinosaurier hat meiner Frau ein Bein abgebissen.«

## oder

# Der Appetit kommt beim Fressen

»Fressen Dinosaurier eigentlich auch Menschen?« fragt die Besucherin den Wärter im Jurassic-Park.
»Das wird sich ganz schnell herausstellen. Klettern Sie einfach einmal über den Zaun.«

*

»Herr Wärter, Herr Wärter!« ruft der aufgeregte Mann. »Der Dinosaurier hat meiner Frau ein Bein abgebissen!«
»Ja, ja«, sagt der Wärter, »das tun sie leidenschaftlich gern.«

*Es sagte der Zoowärter:*

»Hier, meine Herrschaften, sehen Sie unseren größten Dinosaurier. Er kann mit einem Satz eine ausgewachsene Kuh verschlingen. Und bitte, meine Dame, gehen Sie nicht so nahe ran.«

»Einen hübschen Dinosaurier haben Sie da. Wie heißt er denn?«
»Er hat keinen Namen.«
»Nein?«
»Er kommt ja doch nicht, wenn ich ihn rufe.«

*

Frau Dremmelhofer besucht den Zoo. Gedankenverloren steht sie vor einem Gehege und sagt zu einem Wärter: »Was würden diese Dinosaurier wohl sagen, wenn sie sprechen könnten?«
Meint der Wärter: »Sie würden sagen: ›Wir sind Krokodile, du blöde Kuh!‹«

»Weißt du, was man zu einem Dinosaurier sagen kann, der in einem Ohr eine Banane und in dem anderen eine Kiwi stecken hat?«
»Nein, was?«
»Man kann zu ihm sagen, was man will, er hört es nicht.«

*

Geitner sitzt im Wartezimmer eines Psychiaters auf dem Fußboden mit einem Eimerchen.
Fragt der Arzt: »Was machen Sie denn da?«
»Ich fange Dinosaurier.«
»Haben Sie denn schon einen erwischt?«
Geitner lächelt den Arzt an: »Sie sind wohl verrückt, Herr Doktor – mit einem Eimer?«

*

Ein Pferd geht ins Kino. Vor ihm sitzt ein Dinosaurier. Sagt das Pferd zum Dino: »Würden Sie freundlicherweise bitte Ihren Hut abnehmen, ich kann sonst nichts sehen.«
Der Dinosaurier dreht sich um und fängt lauthals zu lachen an: »Ha, ha, ha – ein Pferd im Kino!«

*

Ein Affe und ein Dinosaurier gehen zusammen ins Theater. An der Kasse hängt ein Schild: »Programm 2.00 Mark«. Der Dinosaurier liest dies, wendet sich sofort um und verläßt das Theaterfoyer. Der Affe holt ihn erst auf der Straße ein und will wissen: »Was ist denn jetzt wieder los?«
»Viel zu teuer für mich«, sagt der Dinosaurier. »Ich wiege einige Tonnen – da kann ich keine zwei Mark für pro Gramm dafür zahlen.«

HERR DIREKTOR, UNSER DINOSAURIER KANN PLÖTZLICH SPRECHEN.
GUT. DANN MUSS ICH JA NICHT LÄNGER NACH UNSEREM DOMPTEUR SUCHEN.

»Die Dressurnummer im Zirkus mußte abgesetzt werden«, bedauert der Platzanweiser.
»Wieso?«
»Der Dinosaurier hat an dem Clown einen Narren gefressen.«

*Es sagte der kleine Fritz:*

»Ich weiß, warum es zwar Gummibärchen, aber keine Gummisaurier gibt.
Weil es keine so großen Tüten gibt, in die sie hineinpassen würden.«

»Beißt Ihr Dinosaurier?«
»Nein, mein Dinosaurier beißt nicht.«
Als der ängstliche Frager seine Hand ausstreckt, um den Dino zu streicheln, faucht ihn dieser an und schnappt zu.
»Aua!« schreit der Mann. »Ihr blöder Dinosaurier beißt ja doch!«
»Wie kommen Sie darauf? Das ist doch gar nicht mein Dinosaurier.«

*

Herr Dr. Hinterstögger ist Landarzt und für alles zuständig. Er liebt keine langen Reden, und deshalb fragt er, als er spät am Abend angerufen wird, nur: »Mensch oder Tier?«
»Beides«, antwortet der Anrufer. »Unser Dinosaurier bekommt die Zähne nicht mehr auseinander – und dazwischen befindet sich meine Frau.«

»Warum sind Sie so traurig, Herr Fröhlich?«
»Mein Dinosaurier ist mir entlaufen.«
»Suchen Sie ihn doch mit einer Anzeige.«
»Blödsinn! Mein Dino kann doch nicht lesen.«

*

Kommt ein Dinosaurier vom Psychiater, und sein Bruder erkundigt sich: »Was hat es gekostet?«
»Fünftausend Mark!«
»Verdammt viel Geld für eine einzige Behandlung.«
»Die hat nur dreihundert Mark gekostet. Der Rest war für die Couch.«

*Sagte der Barkeeper zu dem Dinosaurier:*

»Sie trinken heute aber wirklich vielleicht viel zuviel. Das ist nämlich schon Ihr achter Whiskey.«

Zwei Dinosaurier tapsen im Winter durch die Wüste. Meint der eine: »Muß das hier aber glatt sein.«
»Wieso?« erkundigt sich der andere.
»Na, siehst du nicht, wie hier gestreut wurde!«

*

Beschwert sich Frau Steinfelder bei ihrem Nachbarn: »Ihr Dinosaurier hat vorgestern meine Schwiegermutter gebissen.«
Der Nachbar ist erleichtert: »Jetzt weiß ich endlich, woran er gestorben ist.«

Mitten im Jurassic-Park sitzt ein Mann und spielt Geige. Da kommt ein Dinosaurier, kreist um den Geigenspieler herum, lächelt zufrieden, legt sich nieder und lauscht entzückt dem schönen Spiel. Es kommen noch zwei andere Dinosaurier, denen die Musik offensichtlich auch gefällt, denn sie legen sich ebenfalls hin und hören dem Geigenspieler zu.
Nach einer Weile kommt ein vierter Dinosaurier. Er schaut sich kurz die Szene an, dann packt er sich den Spieler und frißt ihn mitsamt der Geige.
Oben, auf einer Palme in der Nähe, stößt ein Affe den anderen an und sagt: »Ich habe es doch gewußt. Wenn der Taubstumme kommt, ist es vorbei mit der Geigerei.«

*

Ein Löwe schleicht durch die Steppe, trifft ein Zebra und brüllt es fauchend an: »Wer bin ich?«
Zitternd sagt das Zebra: »Du bist der Herr der Wüste.«
Zufrieden schleicht der Löwe weiter. Bald danach brüllt er ein Gnu an: »Wer bin ich?«
Schlotternd antwortet das Gnu: »Du bist der Größte.«
Schließlich trifft der Löwe auf einen Dinosaurier, den er auch fragt: »Wer bin ich?«
Der Dinosaurier schaut den Löwen an und stürmt fauchend auf ihn los. Da sagt der flüchtende Löwe: »Man wird doch wohl noch fragen dürfen, wie man heißt...«

*

»Als ich einmal im Jurassic-Park war«, erzählt Hinterstögger, »näherte sich mir ein Dinosaurier so sehr, daß ich seinen Atem an meinem Hals spürte. Was glauben Sie, was ich da gemacht habe?«
»Was ich auch gemacht hätte«, sagt der aufmerksame Zuhörer. »Sie haben sicherlich Ihren Mantelkragen hochgeschlagen.«

MUSST DU DENN
AUS JEDER BERNSTEINMÜCKE
EINEN DINOSAURIER
MACHEN?

Kreidebleich kommt ein Wärter vom Jurassic-Park in seine Blockhütte zu seiner Frau und sagt: »Ein Dinosaurier hat gerade unseren Jüngsten aufgefressen.«
Die Frau schaut ihn an und sagt teilnahmslos: »Wir werden ein neues Kind machen.«
Ein Jahr später wird das Neugeborene ebenfalls von einem Dino gefressen, im folgenden Jahr erwischt es die Tochter. Auch jetzt sagt die Frau nur apathisch: »Wir werden ein neues Kind machen.«
Doch da platzt dem Mann der Kragen und er schreit wütend: »Ich bin es aber jetzt leid, dauernd dafür zu sorgen, daß der verdammte Dinosaurier satt wird!«

*Es fragte der Witzbold:*

»Warum sind Dinosaurier eigentlich grau?
Damit man sie besser von Brombeeren unterscheiden kann.«

Ein Dinosaurier kommt in ein Restaurant und bestellt sich eine Tasse Kaffee. Der Ober führt die Bestellung aus, der Dinosaurier trinkt zuerst den Kaffee aus, dann vertilgt er mit großem Vergnügen auch die Tasse. Danach bestellt er eine zweite und dritte Tasse Kaffee und verspeist jedesmal auch die Tasse. Darauf bezahlt der Dinosaurier, steht auf und verläßt das Lokal.
Ein Gast, der alles mit offenem Mund beobachtet hat, sagt zu dem Ober: »Das ist ja unglaublich!«
»Sie haben recht«, stimmt ihm der Ober zu, »denn ich weiß auch nicht, was das Tier heute hat. Normalerweise nämlich verspeist er nur Weingläser.«

»Können Sie sich etwas Grauenvolleres vorstellen als diese widerlichen Tauben?« fragt die nette alte Dame, die auf der Bank im Park sitzt, und deutet auf den schmutzigen Fleck auf ihrem wunderschönen Kleid.
»Aber selbstverständlich«, erwidert ihre Parkbanknachbarin, »noch scheußlicher sind fliegende Dinosaurier. Als mich so einer vor einem halben Jahr einmal erwischt hat, saß ich drei Tage lang in der Badewanne.«

# »Dinosaurier können doch gar nicht bellen.«

# oder

# Ein Freund, ein guter Freund

Auf dem Polizeirevier ruft aufgeregt ein Mann an: »Ich weiß überhaupt nicht mehr, was ich machen soll, in meinem Keller befindet sich nämlich ein kleiner Dinosaurier. Was kann ich dagegen tun?«
»Für so etwas sind wir von Amts wegen nicht zuständig«, sagt ein netter Polizist. »Aber ich will Ihnen wenigstens einen Tip geben: Streuen Sie Hackfleisch vom Keller bis in den Garten. Der Galliminus wird dieser Spur folgen, und Sie sind ihn im Handumdrehen los.«
Eine halbe Stunde später ruft der Mann wieder an: »Sie werden es nicht glauben«, sagt er, »aber jetzt habe ich zwei Dinosaurier im Keller.«

*Es fragte der Witzbold:*

»Warum fressen Dinosaurier grundsätzlich keine Kaugummis?
Weil sie das Stanniolpapier nicht abmachen können.«

Der Zirkusdirektor beobachtet zusammen mit einem Kollegen die Vormittagsproben in der Manege. »Im Augenblick arbeitet hier gerade unser Stardompteur. Er wird mit jedem Tier, und wenn es noch so wild ist, fertig. Er zähmt einfach alle. Schon nach der ersten Dressur hatte er sogar den Mut, seine Hand in den Rachen eines riesigen Dinosauriers zu legen. Er ist einfach tollkühn. Deshalb nannten wir ihn früher sogar den ›Mann ohne jede Furcht‹.«
»Früher?« erkundigt sich der Kollege.
»Ja, früher«, bestätigt der Zirkusdirektor. »Seit damals nennen wir ihn nur noch den ›Einarmigen‹.«

»So ein kleiner Dinosaurier bewacht Sie viel besser als jeder Hund«, verspricht der Tierhändler einem Kunden. »Wenn Einbrecher kommen, gibt er sofort ein Zeichen.«
»Aber Dinosaurier können doch gar nicht bellen...«
»Ist auch nicht notwendig«, versichert der Tierhändler, »und außerdem viel zu auffällig. Das würde die Einbrecher nur warnen. Deshalb kriecht der Dino in so einem Fall einfach unter das Sofa – und dann wissen Sie Bescheid.«

*

Sagt ein Tierarzt zum anderen nach der Operation an einem Dinosaurier: »Die Instrumente habe ich gezählt. Diesmal sind noch alle da, und wir haben keine eingenäht.«
Sieht sich sein Kollege um, wird kreidebleich und fragt voller Entsetzen: »Aber wo ist eigentlich Schwester Manuela?«

*

»Sie haben hier Dinosaurier aus Amerika und andere aus China. Worin besteht denn der Unterschied zwischen den beiden?« will der Besucher vom Zoowärter wissen.
»Das ist doch ganz klar. Der eine spricht amerikanisch, der andere versteht nur chinesisch.«

*

Der Dinosaurier ist müde von seinem langen Marsch durch den Jurassic-Park. Als ihm ein Affe begegnet, klagt er ihm sein Leid.
Der Affe hat Mitleid mit ihm.
»Komm«, sagt er, »ich trage dich ein Stückchen, aber du darfst nicht die Beine schleifen lassen.«

MEIN DINO IST SO FAUL. ANDERE KOMMEN MIT DER LEINE WENN SIE SPAZIEREN GEHEN WOLLEN.
MEINER KOMMT MIT DEM SCHLÜSSEL VOM AUTO IM GEBISS.

Eine Dinosaurierdame und ein Affe haben geheiratet. Als sie sich zum erstenmal lieben, fällt ihr eine Kokosnuß auf das Auge, und sie schreit laut auf.
»Ja, ja«, sagt da der Affe, »beim erstenmal da tut's noch weh!«

*

Die Tiere eines Zirkus werden auf einem Verladebahnhof zu den bereitstehenden Waggons geführt. Ein Dinosaurier, der gerade einen Waggon betreten will, bemerkt plötzlich neben sich eine Ameise. Ärgerlich faucht er sie an: »Nun drängeln Sie doch nicht so!«

*Es fragte der Quizmaster:*

»Kann ein Dinosaurier höher springen als ein Baum?
Na klar! Oder haben Sie schon einmal einen Baum springen sehen?«

»Warum sind Dinosaurier eigentlich so groß und schwer?« fragt der Affe.
»Damit wir sie nicht klauen können«, klärt ihn die Ameise auf.

*

»Was steht im Jurassic-Park und wiehert?« fragt Steven Spielberg.
»Keine Ahnung.«
»Ein Dinosaurier, der Fremdsprachen lernt.«

DINOSAURIER
WÜRDE ICH AN IHRER
STELLE NICHT MALEN.
DENN DINOSAURIER
SIND SCHRECKLICH
EITEL UND
NACHTRAGEND.
ZOO

Der Dinosaurier hält die Zeitung zwischen den Zähnen fest und rückt sie nicht heraus. Klabunke ist empört und schimpft lauthals vor sich hin.
»Nun hör schon auf, auf dem Dino herumzuhacken. Schließlich hat er die Zeitung geholt – also darf er sie auch als erster lesen«, weist ihn seine Frau zurecht.

*Es fragte der Witzbold:*

»Wie bringt man einen Dinosaurier in einen Kühlschrank?
Ganz einfach: Tür auf – Dinosaurier rein – Tür wieder zu.«

Im Jurassic-Park haut ein Dinosaurier in die nächste Kleinstadt ab, schleicht sich in das Gemeindehaus und vertilgt einen Menschen. Als er abends wieder zurückkehrt, verkündet er stolz: »Das wird morgen ganz bestimmt in der Zeitung stehen!«
Drei Tage später fangen die anderen Dinosaurier an zu murren: »Von dem Mann, den du angeblich gefressen haben willst, steht immer noch nichts in der Zeitung.«
Meint der alte Freßsack: »Vielleicht vermißt ihn niemand – es war ein Beamter.«

*

»Wann kamen Sie eigentlich auf die Idee, ein Dinosaurier zu sein?« fragt der Psychiater den Patienten.
»Das war vor fast vierhundert Jahren. Ich war damals noch ganz jung.«

Im Jurassic-Park betrachtet ein schwergewichtiger Dinosaurier nachdenklich ein Zebra und seufzt dann: »Die Modemacher haben schon recht. Streifen machen wirklich schlank.«

*

Im Jurassic-Park ist ein Dinosaurier sterbenskrank. Er liegt traurig unter einem großen Baum, und immer wieder kullern dicke Tränen aus seinen Augen.
Die gesamte Dinoverwandtschaft steht um ihn herum und versucht, den Sterbenden zu trösten.
»Nimm es nicht so tragisch«, sagt der kleine Dinoneffe zu seinem Onkel. »Du hast ein schönes Leben hier gehabt, du bist fast fünfhundert Jahre alt geworden, und schließlich kommen wir ja alle einmal dran.«
»Das geht schon in Ordnung«, murmelt der matte Dinosaurier. »Leid tut mir nur mein netter Wärter, der nun mein großes Grab schaufeln muß.«

*

Ein Dinosaurier und eine Affendame kommen auf das Standesamt.
»Wir wollen heiraten«, erklären sie dem Beamten.
»Was?« staunt der. »Ihr wollt heiraten?«
Sagt der Dinosaurier: »Von wollen kann keine Rede sein – wir müssen.«

*

Erkundigt sich der Nachbar: »Und wo schläft nachts Ihr Dinosaurier?«
»Neben mir im anderen Bett.«
»Haben Sie es gut. Bei mir liegt da immer meine Frau.«

Ein Dinosaurier und ein Affe gehen gemeinsam spazieren und kommen dabei an einem Gebirgssee vorbei.
Da sie ein Bad nehmen wollen, streckt der vorsichtige Affe erst einmal eine Zehe in das Wasser. Er stellt fest, daß es schrecklich kalt ist und sagt zu dem Dino: »Du hast eine viel dickere Haut als ich – geh deshalb du zuerst hinein.«
»Mach ich«, faucht der Dinosaurier, »aber wage bloß nicht, mich hinein zu schubsen!«

*Was ist der Unterschied zwischen einer Banane und einem Dinosaurier?*

Wenn man drauftritt und es kommt ein gelber Brei heraus, war es die Banane.

Ein Zug fährt durch die Wüste von New Mexico. Plötzlich werden die Wagen durch heftige Stöße erschüttert, und nach einigen hundert Metern hält endlich der Zug. Eine alte Dame beugt sich aus dem Fenster und fragt den Schaffner nach der Ursache des Haltens.
»Wir haben einen Dinosaurier überfahren«, berichtet der Schaffner.
»Und der Dinosaurier hat sich auf den Schienen herumgetrieben?«
»Nein, nein, meine Dame«, erklärt der Schaffner, »wir haben das Biest schon seit Stunden über die ganze Weide verfolgt.«

Ein Dinosaurier schwimmt vergnügt im Bodensee, als er vom Ufer her eine Stimme hört: »Komm doch bitte einmal zu mir an Land!«
Der Dinosaurier dreht sich langsam um und sieht auf einem Badesteg einen Affen herumturnen, der ihm erregt zuwinkt. Der Deinosuchus denkt gar nicht daran, dem Wunsch des Affen nachzukommen, sondern schwimmt weiter ruhig dahin.
Nach einigen Minuten meldet sich der Affe wieder: »Tu mir doch den Gefallen und komm einmal heraus!«
Fast ärgerlich ruft das Dinokrokodil zurück: »Was willst du denn überhaupt?«
»Das sage ich dir erst, wenn du aus dem Wasser herauskommst.«
Schließlich schwimmt der Dino zum Ufer und steigt schwer schnaufend langsam an Land.
Der Affe beobachtet ihn aufmerksam, dann schüttelt er den Kopf und sagt bedauernd: »Das reicht schon, mein Lieber. Ich sehe, daß du meine Badehose nicht geklaut hast.«